Cuando estoy CONTENTO

Escrito e ilustrado por Trace Moroney

Cuando estoy contento
doy **saltos** de alegría.

Cuando estoy contento
me gusta sonreír
y todo me parece
especialmente bonito.

A veces me río tanto,
tanto, que luego me duele la tripa.

Reírme hace que me sienta muy bien.

Hay muchas cosas
que me hacen sentir contento:
estar con mis amigos,

hacer galletas
con la abuela,

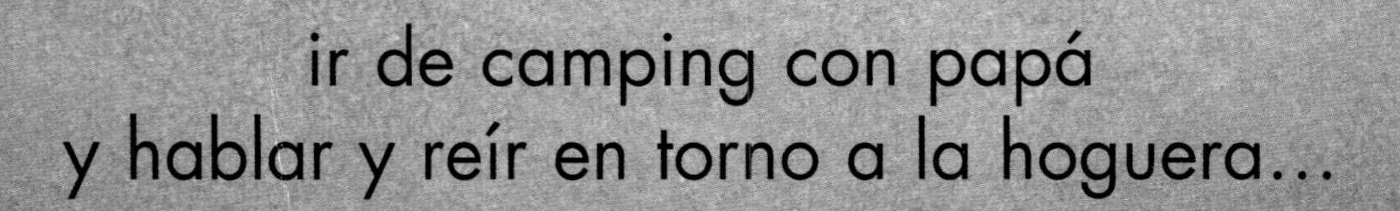

ir de camping con papá
y hablar y reír en torno a la hoguera...

...y mirar las estrellas.

Cuando estoy contento
no protesto ni me enfado

y soy más cariñoso
y amable con los demás.

Cuando estoy contento
me gusta ayudar a otros a que se sientan mejor.
Ayudar a alguien a sentirse bien
me hace sentirme aún mejor.

¡Sentirse contento es tan agradable!
Hace que me sienta mejor conmigo mismo.

Nota para los padres

La autoestima es la clave

El mejor regalo que puedes dar a tu hijo es una autoestima sana. Los niños que se sienten valorados y que confían en sí mismos tienen una autoestima positiva.
Puedes ayudar a tu hijo a sentirse valorado al pasar tu tiempo con él jugando, leyéndole libros o, simplemente, escuchándole. También puedes ayudar a tu hijo a sentirse valorado ayudándole a descubrir la persona que quiere ser. El éxito sigue a la gente que realmente sabe quién es.

De cualquier modo, la felicidad es mucho más que ser una persona exitosa. Ayuda a tu hijo a tener confianza en sí mismo para que sepa reaccionar ante los fallos, las pérdidas, la vergüenza...Vencer las dificultades es tan importante, –si no más– que ser una persona exitosa o ser el mejor. Cuando los niños confían en sí mismos para manejar sentimientos dolorosos como el miedo, la furia o la tristeza, ganan una seguridad interior que les ayuda a enfrentarse al mundo en el que viven.

Cada uno de estos libros sobre SENTIMIENTOS ha sido pensado cuidadosamente para ayudar a los niños a comprender mejor sus sentimientos ya que, al hacerlo, ganan una mayor autonomía (libertad) sobre sus vidas.

Hablar con los niños sobre sentimientos les enseña que es normal sentirse triste o enfadado o, a veces, tener miedo. Cuando los niños toleran mejor los sentimientos dolorosos se vuelven más libres para disfrutar de su mundo, para sentirse seguros de sus habilidades y ser felices.

Sentirse CONTENTO

La alegría viene de una autoestima sana. Los niños alegres tienen una gran capacidad para reírse espontáneamente, jugar y disfrutar de las pequeñas cosas. Pasar mucho tiempo a solas con tu hijo le ayudará a sentirse valorado y ser afectuoso, extrovertido y considerado con otras personas.

Los niños alegres tienen la autoestima necesaria para superar las dificultades y liberarse sucesivamente de inseguridades, abriéndose más a la vida y a sus posibilidades.

Para mi querido hijo Matthew

Título original: *When I'm feeling happy*
Primera edición: mayo de 2007
Segunda edición: septiembre de 2011
Dirección editorial: María Castillo
Coordinación editorial: Teresa Tellechea
Traducción del inglés: Teresa Tellechea
Publicado por primera vez en 2005 por The Five Mile Press Pty Ltd
950 Stud Road Rowville, Victoria 3178, Australia

CENTRO INTEGRAL DE ATENCIÓN AL CLIENTE
Tel.: 902 12 13 23
Fax: 902 24 12 22
clientes@grupo-sm.com

ISBN: 978-84-675-1677-7
Impreso en China / *Printed in China*